छंद-छंद आनंद

(छंद बद्ध कविताएं)

गुरु सक्सेना

Title   :   Chhand Chhand Anand

Author   :   Guru Sexena

Edition   :   First (September, 2024)

ISBN   :   9788197680878

Published by

TANEESHA PUBLISHERS | A Venture by - PRACHI DIGITAL PUBLICATION

Regd. Add.: 254, Khuriyakhatta No. 10, Bindukhatta,
Lalkuan, Nainital - 262402, Uttarakhand, India
Website : www.taneeshapublishers.in
E-mail : taneeshapublishers@gmail.com
Phone : +91 845481 2712, +91 976041 7980

Printed by :

Manipal Technologies Limited, Bengaluru - 560001, Karnataka

COPYRIGHT NOTICE & PUBLISHER DISCLAIMER

समर्पण

जीवन संगिनी

स्व . श्रीमती कविता सक्सेना की

मधुर स्मृतियों को

वाकई गुरु हैं गुरु सक्सेना

मुझे यह कहते हुए गर्वानुभूति हो रही है कि हमारी कवि सम्मेलन की वाचिक परंपरा के पास गुरु सक्सेना जैसा प्रकाण्ड छंद ज्ञाता कोई दूसरा दिखाई नहीं देता। गुरु सक्सेना ने न केवल संस्कृत के, बल्कि प्राकृत और हिंदी के जितने भी चर्चित छंद हैं उनके लक्षणों, उनके निर्वाह की परंपराओं को बहुत बारीकी से देखा है। हिंदी के जितने भी परंपरित छंद हैं, विशेष रूप से मात्रिक छंद वे प्राकृत पिंगल सूत्राणी या प्राकृत पेंगलम निर्गत हैं और उसके बाद छंदो लक्षण का कार्य रीतिकालीन कवियों ने किया। उनमें भी सर्वोपरि रहे केशवदास।

केशवदास ने छंदों में बहुत तरह के चमत्कारिक प्रयोग किए। जिनको अनेक बार हमारे गुरु सक्सेना भी करते हैं। कई बार मंच पर वो एक कौतुक दिखाते हैं कि मुँह में ब्लेड रख लेते हैं और पूरा छंद आपको सुना देते हैं। अब उसकी मूल बात इतनी सी है कि अगर आप अपने छंद के अंदर प्रयुक्त शब्दों में 'प' वर्ग के अक्षरों का निषेध कर दें तो छंद तो लिखा जा सकता है, क्योंकि अधर मिलने का सिलसिला केवल 'प' वर्ग में है। प, फ, ब, भ, म इनमें अधर मिलते हैं। लेकिन इसके बाद क्या शिल्प है, इसकी सूक्ष्मता का ज्ञान तो सिर्फ गुरु सक्सेना को है। इसलिए केवल प वर्ग के आधार पर, बिना सूक्ष्म ज्ञान के ब्लेड लगाने जैसे प्रयोग नहीं करना चाहिए। कई बार सोचता हूँ कि अगर देवयोग से कोई शब्द 'प' वर्ग का आ गया तो खून-खच्चर हो जायेंगे। लेकिन जब इतना साधकर साधना की गई है तो गुरु सक्सेना से कोई चूक नहीं होती, और न हो सकती। गुरु भाई की एक विशेषता यह भी है कि वे छंदों में भावों के साथ शिल्प का विधिवत निर्वहन करते हैं। कई बार शिल्प को बचाने के चक्कर

में भाव से समझौता करना पड़ता है और कई बार भाव के कारण छंद का अनुशासन भंग होता है, पर गुरु सक्सेना के लेखन में भाव और शिल्प दोनों ही अपने पूर्ण तेज के साथ दिखाई देते हैं। इसकी बानगी है उनका नया काव्य संग्रह– 'छंद–छंद आनंद'।

इस संग्रह में गुरु सक्सेना ने जितनी भी रचनाएं संग्रहित की हैं उनमें अलग–अलग छंद हैं। यद्यपि वे काव्य मंचों पर घनाक्षरी के विविध रूपों के लिए पहचाने जाते हैं किंतु उनके अंदर की शास्त्रीयता जो साहित्य के विद्यार्थियों के लिए बहुत उपयोगी है उनके दर्शन इस संग्रह में होते हैं। पहली रचना सरस्वती वंदना के रूप में पढ़ने मिलती है। यह रचना शार्दूल विक्रीडित छंद में है। इस छंद में चार चरण होते हैं प्रत्येक चरण में 19 वर्ण होते हैं 12 वर्ण के बाद तथा चरणांत में यति होती है। गण का क्रम– मगण, सगण, जगण, सगण, तगण तथा गुरु होता है। यह बताने का आशय यह है कि कोई भी छंद इतना सरल नहीं है। जब हम इतनी व्याकरण का निर्वाह करते हैं तब जाकर कोई छंद बन पाता है। यहाँ यह भी विशेष बात है कि गुरु सक्सेना की रचनाएं दोनों तरह के लोगों के लिए (एक वे जो सिर्फ कविता पढ़ते है याने जिन्हे सिर्फ भाव में डूबना है, दूसरे वे जो शिल्प को समझना चाहते है।) अपना प्रभाव रखती हैं। इस संग्रह में मात्रिक छंदों में लावणी, गीतिका, पदपादाकुलक, पादाकुलक, राजीव, चंद्र, मधुमालती, कुण्डल, दोहा, शक्ति, माधवमालती, तमाल, मंथान, गीता, महालक्ष्मी, मुनिशेखर, कुण्डलिया, अरुण, गोपी छंद में रचनाएं पढ़ने मिलेंगी। इसके साथ ही वर्णिक छंदों में– शार्दूल विक्रीड़ित, शिखरणी, चामर, पंचचामर, पवन, तोटक, चँद्रिका, मंदाक्रांता के विशिष्ट प्रयोग भी छंद शास्त्र की परंपरा में विशिष्ट उदाहरण बनेंगे। दिग्पाल छंद में 'चलना सुचाल सच की' रचना की कुछ पंक्तियाँ देखें–

विश्वास पेड़ की है, निष्ठा बना बढ़ी है,

तूफान से न टूटे, मजबूत डाल सच की

रण में न घाव लगते, हर वार से बचाये,

जिस वीर के हाथों में, रहती है ढाल सच की।

'गुरु सक्सेना का भाव और शिल्प भारतीय परंपराओं और संस्कृति से परिपूरित है। वे बहुत आशावादी हैं। साथ ही अपनी रचनाओं के माध्यम से निराश होते जनमानस को भी आशा से भर देते हैं। कविता का कार्य यही है। कवि का धर्म भी यही है। जब–जब मानवता को आहत करने वाले तत्व प्रभावी हों तब–तब कवि अपनी रचनाओं से उस ज्योति को प्रज्वलित करे जिसके प्रकाश में हर वह अंधेरा दूर हो सके जिसके कारण मानवता ओझल हो रही थी। मुझे बहुत हर्ष और गौरव है कि हिंदी की वाचिक परंपरा में केवल यश और धन की लिप्सा से परे विशुद्ध शास्त्रीयता से भरे हुए कवि गुरु सक्सेना जैसे कलमकार भी हैं जो वास्तव में कविता और भारतीय छंद परंपरा को संरक्षित कर रहे हैं। आज देश में और देश के बाहर भी कवि गुरु सक्सेना से छंद सीखने वाले अनेक लोग हैं। ज्ञानी होना एक बात है पर अपने ज्ञान को बाँटना सबसे बड़ी बात है। गुरु सक्सेना हर दृष्टि से गुरु हैं। छंद–छंद आनंद को भी आपका स्नेह मिलेगा... इसी विश्वास के साथ.... ।

डॉ. अशोक चक्रधर

जे. 116 सरिता विहार, नई दिल्ली

कवि न होउँ नहिं चतुर कहावउँ।
मति अनुरूप राम गुन गावउँ।।

बाबा तुलसीदास की ये पंक्तियाँ हमेशा मेरे लेखन के केन्द्र में रहीं। जो बना जैसा बना लिखा। विविध भावों के साथ विविध छंदों को लिखना मुझे हृदय से आनंदित करता रहा। आज भी रोज किसी न किसी छंद का अभ्यास करना मेरी दिनचर्या है। किसी को कैसा लगता है ये मेरा सोच नहीं है। मैं खुद के लिए लिख रहा हूँ तो मुझे कैसा लग रहा है ये महत्वपूर्ण है। हमारा छंद शास्त्र बहुत व्यापक है। समय के साथ लोग सरलता की ओर बढ़े और छंद लिखने वाले लोगों ने कुछ छंदों को आधार बना लिया। आज घनाक्षरी और सवैया तो आपको मिल जायेंगे लेकिन मात्रिक और वर्णिक के अन्य भेद पढ़ने के लिए मेहनत करना पड़ेगी। ताज्जुब की बात है कि हम रस, छंद और अलंकारों के परंपरागत उदाहरणों को बदलकर नये उदाहरण भी नहीं खोज पाए। कहीं न कहीं यह कमी तो है। किसकी है ये मैं नहीं कहता।

अब प्रश्न उठता है कि क्या हम केवल अर्थोपार्जन के लिए लेखन करें?, कवि सम्मेलन के लिफाफे या तालियों की चाहत के लिए लेखन करें। यदि हम इसके लिए लेखन कर रहे हैं तो सच मानिएगा ये साहित्य सेवा तो नहीं है। यदि साहित्य की सेवा करनी है तो अपनी विरासत को हृदय में संजोकर उसके अनुरूप कलम चलाना होगी। हमें लिखना होंगे वे छंद जिन्हें हमारे पूर्वजों ने अपनी मेहनत से संजोये थे। राजनीति पर लिखी गई कविताएं मंचीय तालियाँ तो दे सकती हैं लेकिन आत्मिक सुकून की तलाश यहाँ पूरी नहीं होती। यह सुकून मिलता है जब हम कुछ ऐसा करते हैं जो हमारी साहित्य परंपरा के साथ आगे बढ़ा हो। छंद विधा वही परंपरा है। मेरा प्रयास है कि नई पीढ़ी के रचनाकार विविध छंदों को पढ़ें और

लिखने का अभ्यास करें। समय जरूर लगेगा लेकिन एक ऐसी पीढ़ी तैयार होगी जो छंद शास्त्र को जनमानस के बीच पुनः स्थापित कर सकेगी। मेरी जितनी भी कृतियाँ प्रकाशित हुई हैं उनमें मैंने अलग–अलग छंदों का प्रयोग किया है। जिन छंदों के प्रयोग रचनाओं में हैं उनकी व्याकरण को पुस्तक के अंत में परिशिष्ट में दिया गया है।

छंद–छंद आनंद, इसी दिशा में एक प्रयास है। कृति में मात्रिक और वर्णिक छंद पढ़ने मिलेंगे। जिन्हें केवल कविताएं पढ़नी हैं वे भाव की यात्रा करें और जिन्हें छंद देखना है वे शिल्प के साथ जाएं। निवेदन सिर्फ यही है कि कितनी भी आधुनिकता को आप अपना लें लेकिन जो हमारा शाश्वत है उसे तिरोहित करके नहीं। हमें अपनी जिम्मेदारी को समझकर छंद शास्त्र को संजोना है और अगली पीढ़ी को छंद ज्ञान कराना है। वरना आधुनिकता के नाम पर हम अपना छंद कलश खो देंगे।

गुरु सक्सेना,
नरसिंहपुर

अनुक्रमणिका

सरस्वती वंदना

(शार्दूल विक्रीडित छंद)

देवी है विनती विशेष तुझसे,
लाचार हैं तार दे।
वीणा के सुर में भरे उर सने,
अज्ञान को मार दे।

तू ही लाज रखे सदा भगवती,
आनंद की गंध दे।
हाथों हाथ बढ़े सुप्रीति जगमें,
फूलों भरे छंद दे।

□□□

भगवती वंदना

(पंचचामर छंद)

दयालु मातु शारदे,
सुकर्म के विचारदे,
हिये सुनीति धारदे,
हरेक छंद प्यार दे।

सुता पधार शैल की,
सवार हो सु बैल की,
मिटा मलीन गैल की,
लिखा पढ़ी सुधार दे,
हरेक छंद प्यार दे।

तुम्हीं विधान सृष्टि का,
अधार दास दृष्टि का,
कृपा सुयोग वृष्टि का,
बसंत सी बहार दे,
हरेक छंद प्यार दे।

समूल पाप नाश हों,
विकास के प्रयास हों,
सुखी गरीब खारा हों,
उमंग में निखार दे,
हरेक छंद प्यार दे।

सुहासिनी सुभाषिनी,
दुराव दैत्य नाशिनी
नमामि विंध्य वासिनी,
अकाल काल टार दे,
हरेक छंद प्यार दे।

डमा–डमा निनादिनी,
सफेद कुंद साधनी,
अनूप वीन वादिनी,
अगाध से उतार दे,
हरेक छंद प्यार दे।

सहाय सिंघ वाहनी
करें सुचारु गाहनी,
रहो हमेश दाहिनी,
गुरू गिरा सँवार दे,
हरेक छंद प्यार दे।।

□□□

मुंडमाली

(वा. भुजंगप्रयात)

कृपा कीजिए मात हे मुंड माली।

निशाचर बढ़े पीजिये रक्त आली।

दया कीजिये मार दुष्टन दयाली।

जला जा रहा आज संदेश खाली।

लुटे लाज नारी बिचारी हुई है।

दिखा सीन तो आँख भारी हुई है।

जहाँ शेख ने दृष्टि डारी हुई है।

वहाँ नीचता राज प्यारी हुई है।

पुकारें किसे प्रार्थना जाय टाली ।

कृपा कीजिए मात हे मुंडमाली ।

❑❑❑

खुशखबरी

(वीर/लावणी छंद, ब्याजस्तुति, ब्याज निंदा अलंकार, हास्य रस)

बैंड बजाकर खुशी खुशी में,

गली गली में नाचें लोग।

खुश खबरी सुन फूल गये हैं,

खुले भाग्य को बाँचें लोग।

आजादी के बाद अभी तक,

तना गर्व से कब माथा।

सरकारी निर्णय की कैसे,

गायें हम गौरव गाथा।

महँगाई की गर्दन झटके,

में मरोड़ कर धर दी है।

पेट्रोल की कीमत सीधे,

दो रुपये कम कर दी है।

□□□

होली हास्य आनंद

(गीतिका छंद)

हे प्रभू खाने चकाचक,
माल हमको दीजिये।
खेलने होली गुलाबी,
गाल हमको दीजिये।

रंग डालें हम सभी पर,
खास हुरयारे बनें।
गाल गालन मल गुलालें,
सब दिलों प्यारे बनें।

खींच कर लायें उन्हें जो,
बच रहे हैं रंग से।
है मिलन का पर्व ये,
परिचित करायें ढंग से।

झूमकर झूमें झुमायें,
हर उमर साँचे ढलें।
गाल कोई बच न पाये,
हाथ से रोली मलें।

आज जिसका शौक है जो,
मस्त होकर जी सकें।
खा सकें गुझिया गुनी पर,
भंग भी कुछ पी सकें।

साल भर में एक दिन की,
यह अघोषित छूट है ।
लूट लो दिल से मजा,
पूरी मजे की लूट है।

लूट का मतलब यही है,
दिल लगाकर लूटना।
भूलकर भी जानवर से,
ना किसी पर टूटना।

कर सको करना मदद,
दिल से दुखी या दीन की।
आज है तुमको कसम,
चखना बने नमकीन की।

आज सारे द्वेष आपस,
के मिटाना चाहिए।
हो भले बैरी गले से खुद
लगाना चाहिए।

होलिका की राख में ये
प्रीत का त्यौहार है।
ये सनातन सत्य वाली
जीत का त्यौहार है।

रीत चहके प्रीत महके,
मीत दहके रंग में।
गीत बहके भाव खोलें।
झाँझ में मिरदंग में।

पालते आये सदा से
जो नियम सब पाल दो।
आज खेलो सिर्फ होली
काम कल पर टाल दो।

है बुढ़ापा तो गुरू पर,
नेह दृष्टी डाल दो।
हे प्रभू आनंद दाता,
नोट पूरे साल दो।

□□□

तुम्हारी याद में

(शृंगार छंद)

याद में जीवन काटूँ शेष।
नहीं है कोइ कामना लेश।
एक बस कविता है आधार।
उसी में छिपा तुम्हारा प्यार।

अवध में मंदिर बना विशाल।
विराजे रघुवर दीनदयाल।
गये दर्शन को लाखों लोग।
तुम्हारा होता नहीं वियोग।

अपन भी जाते वहाँ जरूर।
समय ने कर डाला मजबूर।
बिछुड़ने का है ये नुकसान।
चाहकर मिले नहीं भगवान।

एक है अभी बना स्थान।
जहाँ हैं बालाजी हनुमान।
चली है चर्चा चारों ओर।
मचा है दुनिया भर में शोर।

लगाते अरजी भगत तमाम।
हुआ जाहिर बागेश्वर धाम।
रामभद्राचारी के शिष्य।
जताते बाबा भूत भविष्य।

विप्र मिश्रा प्रदीप बेजोड़।
कहें शिव कथा पुराण निचोड़।
हुआ प्रसिद्ध नगर सीहोर।
लगी जाने वालों की डोर।

तुम्हारे बिना गया ना कहीं।
मिले सब धाम यहीं के यहीं।
सुमरनी हाथ रोज जप किया।
राम का नाम सहारा लिया।।

उमर की पूरी महँदी रचा।
और अब क्या करने को बचा।
साँस का जबतक नाटक चले।
देखना पड़े उसी में भले।

□□□

दलबदलू

(पदपादाकुलक)

कुछ लोग सत्य को काट रहे।

अब नहीं पुराने ठाट रहे।

जन हित में शून्य सपाट रहे।

क्या करें थूक कर चाट रहे।

पद देख गेंद से ढुलक रहे।

मिलने के पहले पुलक रहे।

निष्ठा का कोई काम नहीं।

फिर भी होते बदनाम नहीं।

वे बेपेंदी के लोटे हैं।

सिद्धांत उन्हें सब छोटे हैं।

दल बदलें शर्म विशेष नहीं।

उनको तो लगती ठेस नहीं।

जो राम कल्पना कहते थे।

कट्टर विरोध में रहते थे ।

अब देख अयोध्या ठगे हुए।

निज कर्म छिपाने लगे हुए।

अपने रुतबे का मरण देख।
आ गये राम की शरण देख।
जब सबसे टूट जाय नाता।
तब केंवल राम काम आता।

बस माला जपता रहता हूँ।
कुछ भी न किसी से कहता हूँ।
है राम नाम आधार प्रिये।
अब राम लगाये पार प्रिये।

□□□

स्मरण

चौपाई

जबसे गई स्वर्ग घरवाली।

सब दुनिया लगती है खाली।

रहें कहाँ तक मन को मारे ।

अस्त इश्क के चाँद सितारे ।

पद्धरि

आयू में आया है ढलाव।

पर भीतर जलता है अलाव।

बनता दिखता न कुछ बनाव।

बढ़ता जाता दिन दिन तनाव।

पद्धरि

गोरी के गोरे गाल देख।

कजरारे कारे बाल देख।

बलखाती नागिन चाल देख।

हो मन विचलित हर हाल देख।

चौपाई

कोइ सांत्वना नहीं दिखाये।

राम कृपा से जो भी आये।

दूर खड़े ही रस टपकाये।

तब—तब याद तुम्हारी आये।

विरह सताये है फिर पल पल।
रोम–रोम में होती हलचल।
चिंता नदिया बहती कलकल।
और दिनौं दिन बढ़ती खलबल।

पदपादाकुलक
पंछी का जैसे पंख कटे।
बिच्छू का जैसे डंक कटे।
हो बंधन से आजाद मुझे।
आता न कहीं अब स्वाद मुझे।

पदपादाकुलक
घट में रख तेरी याद गया।
सिर घुटा इलाहाबाद गया।
सरदी भारी भू अंबर में।
मैं प्रातः काल दिसम्बर में

अस्थियाँ विसर्जित करने को।
कुल धर्म मान्यता वरने को।
भूला सरदी तेरे गम में।
रो–रो डुबकी ली संगम में।

भर गई हीनता सी मुझमें।
आ गई दीनता सी मुझमें।
नश्वर सारा संसार लगे ।
रिश्ता नाता बेकार लगे।

डिल्ला

भरने को पेट करूँ भोजन।
कुछ भी खाने करता ना मन।
उठ जाते दो रोटी खाकर।
अब देगा कौन पान लाकर।

पद्धरि

सब सुविधायें हैं आसपास।
फिर भी होता है मन हताश।
खाने की हो उपलब्धि खास।
आती है उसमें सड़ी बास ।

पदपादाकुलक

पीछे तब हटना पड़ता है।
नफरत का भाव उमड़ता है।
जब नाक नहीं दी जाती है।
तब याद तुम्हारी आती है।

□□□

जय–जय बजरंग

(राजीव छंद अन्य नाम माली)

अंजना नंदन।

आपका वंदन।।

पवन के सपूत।

डरते यमदूत ।।

कृपा सदा करें।

झोली मम भरें।।

रोज सुबह शाम।

भक्त भजें नाम।।

आप सुनें टेर।

पड़े नहीं फेर।।

दया दृष्टि डाल।

संकट दें टाल।

अतुलित बलवान।

जय हो हनुमान।।

करो देश चंग।

जय–जय बजरंग।।

आदि मानव लख।

फिल्मी स्वाद चख।।

दिल हुआ खट्टा।
स्वर्ण में बट्टा।।

दयनीय मनोज।
चाह रहा डोज।।
प्रदर्शन नंगा।
मानो लफंगा।।

वालीवुड बली।
निकले हैं छली।।
फिल्म जो बनी।
मर्यादा हनी।।

भद्दापन देख।
शीश झुके नेक।।
मेंटो मन टीस।
सुधारो कपीश।।

बिगड़े ये ढंग।
सोच हुई तंग।।
करो अंग भंग।
जय—जय बजरंग।।

❑❑❑

चलना सुचाल सच की

(दिग्पाल छंद)

आसान जिंदगी हो, चलना सुचाल सच की
भूकंप में गिरे ना, वो है दिवाल सच की
आए अकल ठिकाने, रोके नहीं रुकेगी,
पाताल खोद डाले, वो है कुदाल सच की

जिसकी मिशाल से ही, सूरज तपे धरा पर,
मिटती नहीं मिटाये, ऐसी मिशाल सच की
हो झूठ बोल बाला, हर बात का दिखावा,
कुछ देर शर्म पाये, गलती न दाल सच की

विश्वास पेड़ की है, निष्ठा बना बढ़ी है,
तूफान से न टूटे, मजबूत डाल सच की
रण में न घाव लगते, हर वार से बचाये,
जिस वीर के हाथों में, रहती है ढाल सच की।

□□□

विनोक्ति अलंकार

(चौपाई छंद)

जल बिन मीन रूप बिन नारी।
बिना घूँस नौकर सरकारी।

बिना प्रपंच न शोभित नेता।
भाषण भले भड़ाभड़ देता।

ज्यों ससुराल लगे बिन साली ।
ज्यों कवि सम्मेलन बिन ताली।

बिना नमक व्यंजन क्या होगा।
बिना गालियाँ पुलिस दरोगा।

बिना तिलक साधू सन्यासी।
जैसे राँड़, साँड़ बिन काशी।

जैसे बिना पार्टी झंडा ।
जैसे बिना तीर्थ के पंडा।

ज्यों बसंत कोयल बिन सूना।
बिना छंद सब काव्य नमूना।

रँग गुलाल बिन जैसे होली।
जैसे बिन दुल्हिन के डोली।

ज्यों बिन दिखे जवानी जाँघें।
फटी जींस बिन जैसे टाँगे।

छमछम स्वर बिन जैसे पायल।
बिना नेट जैसे मोबाइल।

जैसे सुत बिन माँ की गोदी।
जैसे अमित शाह बिन मोदी।

जैसे बिना साइन के अर्जी।
बिन कुर्सी ममता बैनर्जी।

जैसे बिन केवट के नैया।
बिना दूध के सुंदर गैया।

उभरे कवि नवीन बहुतेरे।
मारहिं इधर–उधर के फेरे।

जो सिद्धांत चलहिं ले थोरे।
तिनके भये कार्यक्रम कोरे।

देख–देख गुटबंदी भारी।
कविता बना फेसबुक डारी।

जै काली कलकत्ते वाली।
मारे असुर मात मुँडमाली।

महिषमर्दनी जै जगदंबा ।
कर मत जन हित काज विलंबा।

अरमानों की झोली भर दें।
पता नहीं किस पद पर धर दें।

पड़ी जरूरत तेरे बल की ।
करा जीत कविता के दल की।

यह विनोक्ति थोड़ी मैं गाई।
चाहें चतुर चित्त चौपाई।

जैसे बिन ताले की पेटी।
जैसे बिन मर्यादा बेटी।

लाकडान ज्यों बिना कुरोना।
बिना कान बेकार तरोना।

जैसे बिना भजन के नर तन।
जैसे जल बिन खाली बरतन।

जैसे बिना चाँदनी रैना।
जैसे काजल के बिन नैना।

बिना मिठास विप्र के बैना।
जैसे छंद बिना सक्सेना।

□□□

बुढ़ापे की कहानी

(चौपई एवं चौबोला छंद, हास्य–व्यंग्य)

जगह–जगह से उखड़ी पाँत।

बचे अल्पमत में जब दाँत ।

सन समान सब सिर के बाल।

पंचर पिचके–पिचके गाल।

लगी अभी तक तन की चाह।

फिर भी लगे रचाने ब्याह।

वो भी कड़क कली के साथ।

क्या होगा हे भोलेनाथ?

मिला फल ऐसा जापे में।

जवानी चढ़ी बुढ़ापे में।

बढ़िया समाचार को जान।

पड़ोस के सब रसिक जवान।

खोलें उदारता की गाँठ।

खुश हो रहे मिठाई बाँट।

ज्यों भूखे को भरी परात।

जाने को मिल रहा बरात।

तरह तरह चमकाई ड्रेस।

दो–दो बार कराई प्रेस।

रहे ना अपने आपे में।

जवानी चढ़ी बुढ़ापे में।
शर्ट पैंट सब महकन लगे।
नये नये खग चहकन लगे।
जोरद।र तैयारी करी।
चले बरात सुमिर शिव हरी।

पाई यह शुभ दिन की घड़ी।
बाजे बजे हुई घुड़चढ़ी।
बरसे फूल मिली जो गली।
दूल्हा पुलकित पाकर कली।
कमे पैमाना, नापे में।
जवानी, चढ़ी बुढ़ापे में।

आकर खूब बधाई बजी।
संध्या सेज मिलन की सजी।
बिजली मनचाही ना जली।
दुल्हन बोली मैं तो चली।

फिरूँ लाश ले कबतक जियूँ।
प्यास बुझाने क्या धन पियूँ।
पितु खुश खूब गिनाकर मनी।
पर रिश्ते की डोर न बनी।
फ्यूज हीटर है, तापे में।
जवानी चढ़ी, बुढ़ापे में।

सफर सुहाना गाड़ी खली।

मंद–मंद पैसेंजर चली।

बढ़ी तभी दिल की धुक–धुकी।

इंजन फेल अचानक रुकी।

भर चाहत में आफत बनी।

धीर धराय थकित हो धनी।

ये न कहानी कोई नई।

जब धन पास गरीबी गई।

कहा सब, व्यर्थ अलापे में।

जवानी चढ़ी बुढ़ापे में।

❑❑❑

तुम्हारी याद में

चौपाई

जबसे गई छोड़ जग मैना।
तबसे मैं होकर हूँ मैं ना।
खैर खबर लगती है गाली।
सब दुनिया लगती है खाली।

पग–पग मुसीबतों के डेरे।
सूरज़ को ढक रहे अँधेरे।
रहें कहाँ तक मन को मारे।
अस्त इश्क के चाँद सितारे।

पद्धरि

आयू में आया है ढलाव।
पर भीतर जलता है अलाव।
बनता दिखता न कुछ बनाव।
बढ़ता जाता दिन–दिन तनाव।

गोरी के गोरे गाल देख।
कजरारे कारे बाल देख।
बलखाती नागिन चाल देख।
हो मन विचलित हर हाल देख।

चौपाई

कोइ सांत्वना नहीं दिखाये।

राम कृपा से जो भी आये।

दूर खड़े ही रस टपकाये।

तब तब याद तुम्हारी आये।

पादाकुलक

विरह सताये है फिर पल पल।

पूरे तन होती है हलचल।

चिंता नदिया बहती कलकल।

और दिनों–दिन बढ़ती खलबल।

पादाकुलक

पंछी का जैसे पंख कटे।

बिच्छू का जैसे डंक कटे।

हो बंधन से आजाद मुझे।

आता न कहीं अब स्वाद मुझे।

पद पादाकुलक

घट में रख तेरी याद गया।

सिर घुटा इलाहाबाद गया।

सरदी भारी भू अंबर में।

मैं प्रातः काल दिसम्बर में

अस्थियाँ विसर्जित करने को।
कुल धर्म मान्यता वरने को।
भूला सरदी तेरे गम में।
रो रो डुबकी ली संगम में।

भर गई हीनता सी मुझमें।
आ गई दीनता सी मुझमें।
नश्वर सारा संसार लगे ।
रिश्ता नाता बेकार लगे।।

डिल्ला पादाकुलक
भरने पेट करूँ नित भोजन।
कुछ भी खाने करता ना मन।
उठता था जब रोटी खाकर ।
तुम देतीं थीं पान बनाकर।

अरिल्ल पादाकुलक
आदत मेरी खास बिगाड़ी।
देतीं जर्दा काट सुपाड़ी।।
कोने रोता आज सरोता।।
तुम होतीं तो क्या यह होता।

पद्धरि

सब सुविधायें हैं आसपास।

फिर भी होता है मन हताश

खाने की हो उपलब्धि खास।

आती है उसमें सड़ी बास।

पदपादाकुलक

पीछे तब हटना पड़ता है।

नफरत का भाव उमड़ता है

जब नाक नहीं दी जाती है।

तब याद तुम्हारी आती है।

□□□

छंद और रामलला

(हरिगीतिका छंद)

भरते रहें हैं हम सदा ही, काव्य में रस धार को।

देते रहें हैं चेतना नित, ही पड़े बीमार को।

पर आ गये, हैं मंच पर, कुछ लोग ले कर चुटकुले।

जो फूट जाते हैं तनिक में, जल बने, ज्यों बुलबुले।

ये छंद भी तो वेद का ही अंग है पहचानिये।

हम हैं उपासक वेद के गौरव हमारा जानिए।

जो काव्य रचना छंद में, वह वेद के ही पास है।

ऐसे मिले हैं लेख जिनमें, छंद लिखना खास है।

जो राम जीके काम में आकर अड़ंगा बन रहे।

जो दंभ के मारे हुए अंबर के आगे तन रहे ।

सदियाँ गई अवसर मिला सबको दिखाई पड़ रहा।

सब हो रहा शुभ आँख में उनके अशुभ ही गड़ रहा।

ऐसे समय में सब तरह सहयोग देना चाहिए।

ऊँचा हुआ सर देश का, इन्ट्रेस्ट लेना चाहिए।

झाँकी सनातन धर्म की, जय राम होना चाहिये।

बांकी अभी तक जो रुके सब काम होना चाहिए।

□□□

देश की चाह

(चँद्र छंद)

देश तुमको पुकारे बढ़ो रे।

आपसी में कहीं मत लड़ो रे।

राजनीती सदा बरगलाये।

जाल कोमल फँसाने बिछाये।

चालबाजी चलें रोज नेता।

आदमी के बने खास क्रेता।

आँधियों में टिको डाल पर ही,

पीत पत्ते बने मत झड़ो रे।

देश कहता कि आगे बढ़ो रे।

फिर चली है हवा वोट वाली ।

भाषणों की शुरू है जुगाली।

खोट वाले दिखें आज चोखे।

दे चुके हों भले खूब धोखे।

कौन के पाठ में क्या लिखा है,

ठीक समझो समझ के पढ़ो रे।

देश तुमको पुकारे बढ़ो रे।

क्या बतायें खुलासा गुरू जी।

क्या दिलायें दिलांसा गुरू जी।

चोट पर चोट खाये हुए हैं।

और उनको निभाये हुए हैं।
चाहिये आसरा आखिरी में,
कुंभ अपने स्वयं के गढ़ो रे।
देश तुमको पुकारे बढ़ो रे।

भारती की, यही कामना है।
ये चुनौती भरा सामना है।
रेत में स्वर्ण के खास दाने।
ढूँढ़ना है वतन को बचाने।
जान जाये कहाँ क्या पता है,
सीढ़ियों को सँभल के चढ़ो रे।
देश कहता कि आगे बढ़ो रे।
आपसी में कभी मत लड़ो रे।

□□□

नेक सलाह

(पंचचामर / नाराच छंद)

मिली हमें स्वतंत्रता इसे रखें सहेज के।
करें विवाह शान से बिना किसी दहेज के।
धरा हरी भरी दिखे लगायँ पेड़ पंथ में।
उदार भाव पालते रहें सदा दिगंत में।
नहीं कमी किसी प्रकार की हमार देश में।
खड़े हुए तमाम आदमी चुनाव रेस में।
खिंची कमान जंग सी तने सुवीर वेश में।
विचारवान जो दिखें उसे चुनें विशेष में।

□□□

द्वैत से अद्वैत

द्वैत भाव में फँसे हुए थे,

यह है तेरा यह है मेरा,

रामानुजाचार्य के सँग में,

माधवाचार्य आदि ने घेरा,

उसी समय की बात,

एक होटल के अंदर,

ढूँढ़ रहे थे इन्हीं

विचारों के गिरि कंदर

समय देखते हुए प्यार की,

गति तेज है बहुत तेज है

अब कोई इजहार नहीं है

कहीं कोई इकरार नहीं है

सिर्फ समय की कमी बहुत है,

ये मत समझो प्यार नहीं है

चढ़े लिफ्ट में,

छठवीं मंजिल पर जाना था,

छूटा कमरे में मोबाइल

वह लाना था

समय नहीं था,

उसी समय उसको जाना था,

आ तपाक से,

बटन दबाई ऊपर जाने,

सुघर सुन्दरी लगती थी अनबूझ पहेली

चेहरे पर मुस्कान भरे,
वा मेरे साथ नितान्त अकेली,
एक जरा से झोंके में ही
अनायास मुझसे टकराई
मैं सँभला पर सँभल न पाया,
जैसे लता पेड़ पर छाई
मेरी साँसे तेज हो गईं,
लिफ्ट चल रही धीरे–धीरे
बिना बजाये भीतर–भीतर,
बजने लगे मृदंग मंजीरे
सागर एक जगह स्थिर था,
बही स्वयं नदिया अकुलाई
वे क्षण ऐसे अदभुत क्षण थे
कोई उपमा कही न जाई
उपमानों के जो सटीक थे
सभी सार्थक शब्द खो गये
छठवीं मंजिल आते–आते,
अद्वैतवादी लगा हो गये।

❑❑❑

लिव इन रिलेशनशिप

(मंदाक्रान्ता छंद)

झूठे जालों फँस यवन के रूप सी मौत पाई।
ढाये भारी सितम तन लूटा दया भी न आई।

पीटा काटा हर तरह हैवान हो लाश को भी।
श्रद्धा तूने यह सब सहा बोल पाया न तो भी।

अंगों के काटकर टुकड़े फेंक पेंतीस तेरे।
संदेशा ले लिव इन भरा आज ही देश मेरे।

जागो–जागो अब यह कथा जो सुनाती कहे है।
फाँसी हो शीघ्र बस सबकी आँख धारा बहे है।

☐☐☐

विवाह का विवाद

(गीतिका छंद)

सास के, मन में रहे नित,
खेलते खाते रहें।
कार में बैठा कुँवर जी,
प्रीत को लाते रहें।

हाथ जोड़े हम खड़े हों,
एक सेवक की तरह।
हो विषय कोई कहीं का,
ना करें किंचित जिरह।

चाहती साली हमेशा,
घूमने फिरने मिले।
खूब देखें साथ पिक्चर,
बंद ना हों सिलसिले।
हम धरें कब तक हमारे,
शीश पर यह टोकरी।
छोकरी को खुश रखें तो,
हो गजब खुश डोकरी।
कुछ दिनों बढ़िया चला सब,
हर कदम रंगीन था।
श्रीमती की दृष्टि में शक
मामला संगीन था।

क्या जरूरत है कहीं भी,

जा रहे लेकर उसे।

हो गया कुछ ऊँच नीचा,

मुँह दिखाओगे किसे।

बात तो कुछ भी नहीं है,

जिस तरह तुम कह रहीं।

आज तक मुझको न समझा,

साथ कबसे रह रहीं।

हम सदा यह सोचते हैं,

सास को भाते रहें।

और तुमको साथ में ही,

कार में लाते रहें।

ठीकरा यह पाप का तुम,

फोड़ने मुझ पर लगीं।

हो अकेली एक तुम ही,

प्रेम के बाजार में।

और तुम जैसी नहीं है,

सुंदरी संसार में।

ताज से भी तुम अधिक हो,

खूब सूरत जानलो।

❏❏❏

शोषित कवि का मर्म

(कुण्डल छंद)

हो जहान में महान, तुम दयालु दानी।

तुम हो गिरिराज शिखर, तुम सागर पानी।

तुम दिनकर ताप प्रबल, सबल धवल वाणी।

तुमसे ही व्याप्त हुई, कविता कल्याणी।

जिसको दो अर्थ लाभ, वो यही बखाने।

सबसे हैं श्रेष्ठ आप, वह ऐसा माने।

संयोजक आप बड़े, नीच कुटिल कामी।

लालंच में बना लिया, हमको अनुगामी।

बुलवाया बार–बार, कृपा कीन्ह भारी।

आते जो दिया भेंट, हम हुए अभारी।

लेकर पेमेंट बड़ा, हमें कम टिकाया।

ऊपर से आते हुए, रौब भी दिखाया।

कितने में बात पटी, कितना कब खाया।

इसका तो भेद कभी, हमने ना पाया।

ऊँच नीच गलत सही, बन बैठे दादा।

ओढ़ा आदर्श भरा, जिंदगी लबादा।

छोटे को बड़ा बता, हाट में भुनाया।

चमचों ने चरण चूम, तुमको चमकाया।

रहा नहीं कभी नेक, कविता से नाता।

चोरी का माल गला, बने हो विधाता।

सत्य बात पची नहीं, सिर्फ झूठ जोड़ा।

पूछ लिया मानदेय, साथ तभी छोड़ा।

जीवन ही बीत गया, खुली नहीं आँखें।

बोये जो बीज हुई, उनकी अब शाखें।

छाया की आस लगा, उन्हें ना निहारो।

पीढ़ी यह नई—नई, जरा तो विचारो।

प्रतिभा का मान करो, यों मत दुत्कारो।

शोषण के नये जाल, इन पर मत डारो।

बने रहो यहाँ वहाँ, शोभा की बिंदी।

माने उपकार बड़ा, खास यही हिंदी।

□□□

नानी की बानी

(राजीव छंद)

गैया हमारी, माता कहाती ।
नानी हमें ये, महिमा सुनाती ।
गौ वध करे जो, पापी कहाता ।
मरने के बाद, यातना पाता ।

जैसा बताया, होगा सही है ।
यहाँ तो गंगा, उल्टी बही है ।
गौ माँस बिकने, विदेशों जाता ।
विश्व में पहला, नंबर लगाता ।

होती इसी से, भारी कमाई ।
सरकार पापी, कभी न कहाई ।
नानी कहे तो, बकवास है जी ।
सत्ता करे जो, वही खास है जी ।

धंधा जमा है, यह कायदा है ।
है आमदानी, बस फायदा है ।
कहाँ धार्मिकता, गौ माँ पुकारे ।
कटे न बचेगी, किसके सहारे ।

बूढ़ी हुई है, कहती कहानी।
बेकार करती, बकवास नानी।
व्यापार आस्था, बिन्दू नहीं है।
गौ माँस बेचे, हिंदू नहीं है ।
❑❑❑

दोहे के भेद

1– भ्रमर दोहा– 22 गुरु और 4 लघु वर्ण

दादा जी की बात से, दादी जी नाराज।

कानों में मैंने सुनी, टें टें की आवाज।।

◆◆

राधा ने कानों सुनी, वंशी की आवाज।

पानी लेने को चली, छोड़े सारे काज।।

2– सुभ्रमर दोहा– 21 गुरु और 6 लघु वर्ण

गौ रक्षा कीजे सभी, दाना पानी डाल।

आवारा सी ना फिरे, सड़कों पै बेहाल।।

3– शरभ दोहा– 20 गुरु और 8 लघु वर्ण

आँखों–आँखों में हुई, तेरी–मेरी बात।

नदी किनारे मिलेंगे, आज चाँदनी रात।।

◆◆

आयू पूरी हो गई, देते–देते वोट।

नहीं किसी ने भी दिये, कभी वोट में नोट।।

4–श्येन दोहा– 19 गुरु और 10 लघु वर्ण

फाँसी गोली से लड़ी, आजादी की जंग।

बचे सुरक्षित हमेशा, गाँधी, नेहरु संग।।

5–मण्डूक दोहा– 18 गुरु और 12 लघु वर्ण

पंचवटी में लखन ने, पेड़ लगाये जान।

शक्ति लगी तो बचाये, पेड़ों ने ही प्रान।।

6– मर्कट दोहा– 17 गुरु और 14 लघु वर्ण

पेड़ लगाना धर्म है, पेड़ काटना पाप।

पेड़ लगाने से मिटें, सकल शोक संताप।।

7– करभ दोहा– 16 गुरु और 16 लघु वर्ण

जानत होती मैंच में, हार लगेगी हाथ।

तनिक न टीवी देखती, तजके पिय का साथ।।

8–नर दोहा– 15 गुरु और 18 लघु वर्ण

यहाँ–वहाँ भटके नहीं, रे मूरख नादान।

मात पिता में ही बसे, सब जग के भगवान।।

9–हंस (मराल) दोहा– 14 गुरु और 20 लघु वर्ण

छंद सरोवर में गुरू, डूबा खूब लगाँय।

गहरे–गहरे उतरते, गहराई न पाँय।।

10– गयंद (मदकल) दोहा– 13 गुरु और 22 लघु वर्ण

कुर्सी सौतन के बने, जबसे सजन शिकार।

मैं दरशन हित तरसती, बहे नैन जलधार।।

11– पयोधर दोहा– 12 गुरु और 24 लघु वर्ण

जननि जनक बिन सहारे, बसा शहर में जाय।

भूल गया निज कर्म सब, बीबी बातन आय।।

12–चल दोहा– 11 गुरु और 26 लघु वर्ण

सुत पढ़कर अफसर हुआ, हुआ पिता कंगाल।

दीन दशा लखकर दिया, वृद्धाश्रम में डाल।।

जनम मरण शादी खरच, सब सरकार उठाय।

खास वर्ण चुन जीव यदि, देश हमारे आय।।

13–पान या वानर दोहा– 10 गुरु और 28 लघु वर्ण

कथा सुनत जन मोहते, लखत तिलक गलमाल।

दनुज संत बन बिछावहिं, अपना मायाजाल।।

14– त्रिकल दोहा– 9 गुरु और 30 लघु वर्ण

पालत पोसत पल गिनत, बढ़त दिनों दिन चाह।

पिता मरत लड़की करे, अगर भागकर ब्याह।

15– कच्छप कोहा– 8 गुरु और 32 लघु वर्ण–

परिजन पुरजन सकल जन, जदपि तजहिं गुरु साथ।

लेकिन विप्र समाज का, रहे शीश पै हाथ।।

16—मच्छ दोहा— 7 गुरु और 34 लघु वर्ण—

जलचर थलचर नभचरहिं, सबहिं रहत इक प्रान।
पर मारें आहार हित, तिनहिं अधम इन्सान।।

17—शार्दूल दोहा— 6 गुरु और 36 लघु वर्ण—

पग पग चल घर घर फिरहिं, चरण झुकावहिं माथ।
जीतहिं पद पावहिं कबहुँ, नहिं फिर आवहिं हाथ।।

18— अहिवर दोहा— 5 गुरु और 38 लघु वर्ण

नटवर, गिरधर, पंखघट, जमन तटहिं सखि जाय।
मधुर—मधुर मुरली बजा, पुनि—पुनि हमहिं बुलाय।।

19—व्याल (व्याघ्र) दोहा—4 गुरु और 40 लघु वर्ण

कर धर सर रघुवर चले, मृग वन सरपट धाय।
पलट वदन प्रभु को निरख, छिपत छिपत प्रगटाय।।

20—विडाल दोहा—3 गुरु और 42 लघु वर्ण

उलट पलट चढ़ि—चढ़ि भवन, पवन तनय बलवान।
सहज फूँक निशचर नगर, हिय हरषित हनुमान।।

21—श्वान दोहा—2 गुरु और 44 लघु वर्ण—

बिलख बिलख गिर गिर परत, लखन लखन कहि राम।
अविरल असुवन सरित बन, बहत विकल अविराम।।

□□□

हम और वे

(हरिगीतिका छंद)

जो तालियों की गड़गड़ाहट से गगन तक छा रहे

जो गाय गंगा और गायत्री की महिमा गा रहे

जो जाति बंधन वर्ग बंधन राजनीती में बँधे

जिनके निशाने तीर बनकर भावनाओं पर सधे

जो एकता का राग गाते, किंतु कट्टर हैं बड़े

कथनी व करनी भिन्न लगते स्वर्ण में हीरे जड़े

वे साथ में मिलकर हमारे जाने क्या क्या कर रहे

बेरोक अपने खेत की हरियाली सारी चर रहे

उनके किसी भी क्षेत्र में जाकर ना कुछ भी पाओगे

अपमान लेकर हाथ में डंडे से खाकर आओगे

वे राहू रावण कालनेमि से बनाए भेष हैं

उनके दिलों में सिर्फ ठगने मात्र के उद्देश्य हैं

देखो सुनो समझो जरा वे संप्रदायी कौन है

हम रोज जाते हैं ठगाए किंतु अब तक मौन है

❑❑❑

पादाकुलक के भेद

सिंह
(16 मात्राएँ आदि लघु लघु अंत सगण)

कटुशब्दों को मानें डसना।

हमने चाहा सबका हँसना।।

सुन जिनको हो घुट घुट मरना।

कविता में वह भाव न भरना।।

हम अपनी मस्ती में रहते।

सबके हित की बातें कहते।

मन में किंचित लायँ न दुविधा।

भगवन दें जैसी भी सुविधा।।

◆◆

मत्तसमक
(16 मात्राएँ 9वीं मात्रा लघु)

देख सिया पति मुनिगण हरसे।

देव प्रसून गगन से बरसे ।

नाथ हनो निशचर अभिमानी।

होय सुखी सुर नर मुनि ज्ञानी।

◆◆

विश्वलोक

(16 मात्राएँ 5वीं 8वीं मात्रा लघु)

झंडा नभ तक ऊँचा फहरे।

खूब पवन गति पाकर लहरे।

देख नमन सब शीश झुकाकर।

मान विजय ध्वज खुश हों पाकर।

◆ ◆

वानवासिका

(16 मात्राएँ 4चौकल 8वीं 12 वीं मात्रा लघु)

मोहन गिरधर नटवर नागर।

छेड़त गलियन फोड़त गागर।

माखन चाखन हार हठीलो।

रसिया सुंदर छैल छबीलो ।।

◆ ◆

चित्रा

(4 चौकल अनिवार्य 5 वीं 8वीं 9वीं मात्रा लघु)

कहना सच फिर,चलते रहना।

रोष समनकर कटु वच सहना।

कंटक यह जग पथ में बोये।

हँसकर भट विचलित नहिं होये।

◆ ◆

माँ

(हाकलि – मानव)

हाकलि

रोज परेशानी होती।

सहती माँ न कभी रोती।

हर संभव हिम्मत देती ।

हमसे कुछ न कभी लेती।

काम सभी के करती है।

संकट सबके हरती है ।

सारे जग से न्यारी माँ ।

मेरी प्यारी प्यारी माँ।

मानव

तेरे उपकार बड़े हैं ।

जीवन के नियम कड़े हैं।

पाकर आशीष तुम्हारा—

हम जिंदा यहाँ खड़े हैं।

ऋण तेरा चुका न पायें।

कितना भी जोर लगायें।

यह बात ज्ञान से सीखी।

माँ तू भगवान सरीखी।

माँ के उपकार अनेकों।
सब कहाँ कहाँ तक लेखों।
माँ के जैसी बस माँ है।
माँ की न कहीं उपमा है।
❑❑❑

धनतेरस

(तोटक छंद)

धनतेरस है धन ते रस है।
धन के बिन मानव बेबस है।

धनसे जग के सब काम बनें।
धनसे व्रत पर्व उछाह मनें।
धन से बढ़के न कहीं बल है।
दुख हैं जितने धन ही हल है।
समझो अरि दारुण आलस है।
धनतेरस है धन ते–रस है।

तुम पंच प्रधान बनो धन से।
मत सोच करो दुबले तन से।
सब देख झुकें मिल आदर से।
सदभाव बनाकर फादर से।
कमजोर दबी इसमें नस है।
धनतेरस है धन ते– रस है ।

पथ में निकले जिस ओर बढ़ो।
चमचे बन जायँ दिमाग पढ़ो।
धन बाँट खुशी कर फूल झड़ो।
उनका मत पाय चुनाव लड़ो।
कर लो यह याद सिलेबस है।
धनतेरस है धन ते–रस है।

घट हाथ लिये धनवंतर हैं।
प्रगटे बतला यह मंतर हैं।
धन के घट में सुख चैन भरा।
धन हीन हुआ बिन मौत मरा।
धन जीवन का नर के रस है।
धन ते रस है धन ते–रस है।

❑❑❑

तुम्हारी याद

(शक्ति छंद)

नहीं नींद आती तुम्हारे बिना।

गई छोड़ के छाप दिल पर हिना।

नजर में नजारे नहीं आ रहे।

सुबह शाम आँसू बहे जा रहे।

करेंगे सदा याद भूलें न पल।

खड़े प्रश्न आगे नहीं पास हल।

सुनायें किसे कौन आता इधर।

सभी कुछ मगर पर सुहाता न घर।

दिया तेल से रोज तिल–तिल घटें।

बकाया बचे दिन न काटे कटें।

इसी जून में तो हुआ था मिलन।

लिये साथ फेरे दिये थे वचन।

लगा पंख जैसे समय उड़ गया।

कहाँ जा रहे थे कहाँ मुड़ गया।

चबालीस सालों मिले सुख सभी।

नहीं सोचते थे सपन में कभी।

विधाता यही लेख मंजूर हो।
मुझे छोड़ ऐसे चली दूर हो।
सजा ये मिली कौन अपराध में।
जियें हम कहाँ तक तिरी याद में।
❑❑❑

बाहुबली नेता

(हाकलि छंद)

ऊँचे पद पर बैठे हैं।

तब तो इतने ऐंठे हैं।

कानून नियम सब इनके।

हम लगते इनको तिनके।

जो बोलें ठीक वही है।

जो कर दें काम सही है।

काला सफेद कर डालें।

पच जाय भले कुछ खालें।

सूरज को कैद किये हैं।

सत्ता के जाम पिये हैं।

वे धर्म बनायें धंधा।

देखे समझे हर अंधा।

फैलीं विदेश तक कड़ियाँ।

भय से रुक जातीं घड़ियाँ।

रिश्ता ना कोई डर से।

बस मानें बुलडोजर से।

□□□

विसंगति

(मानव छंद)

अपनी आँखों के आँसू वे देख मजाक बनायें।
हर तरह योजनाओं के, पग—पग पर जाल बिछायें।

है कठिन जिंदगी जीना, पीना हर रोज गरल है।
श्रम करें कमीशन देकर, इसका न कहीं पर हल है।

रँगदारी टैक्स वसूली, वे करते हैं मनमानी।
बँध गया इलाका पूरा, रोके है किसमें पानी।

वोटों का ठेका लेते, चंदा भी तरह—तरह का।
वे करें कार्यक्रम कोई, होता ना खर्च गिरह का ।

सट्टा दारू फड़बाजी, पग—पग पर धंधे काले।
हैं दोस्त बंधु जैसे ही, सब खाकी वर्दी वाले।

◻◻◻

शतरंज

(तमाल छंद)

गजब जमी शतरंजी बाजी आज।
चाल–चाल में छिपा हुआ है राज।

बना वजीर अपंग हुआ लाचार।
लँगड़े घोड़े करें कहाँ तक मार।

केवल पैदल मचा रहे हैं शोर।
हाथी ऊँट लगा ना पायें जोर।

गलत चाल की समझ न पाये भूल।
झाँसा फाँसा हुआ पेट में शूल।

देखे कहीं, कहीं करता है वार।
किसे बतायें हुई बराबर हार।

चतुर खिलाड़ी खुलकर खेले खेल।
पाय अनाड़ी नासमझी में जेल।

□□□

समय के साथ चल

(तमाल छंद)

हँसते–हँसते समय बिताना मीत।
धीरज धरना मिले हार या जीत।

छूट गया है अब निर्णय का बान।
हाय हाय कर क्यों होते हैरान।

लिखे भाग्य में यही तुम्हारे अंक।
शब्द–शब्द में बिच्छू जैसे डंक।

सोच समझ कर बोलो मीठे बोल।
लगो न जैसे, फटा पुराना ढोल।

□□□

मित्र से

(मंथान छंद)

भाभी गई छोड़, आया बड़ा मोड़।
आँखें बहें रोज, लेना पड़े डोज।

छूटे सभी मोद, नाती तके गोद।
बोले बुला लायँ, दादी कहाँ पायँ।

कैसे धरूँ धीर, होती घनी पीर।
झूठे कहूँ बोल, पूरी खुले पोल।

श्यामा हुई वाम, होने लगी शाम।
छूटी जहाँ छाँव, फोले पड़े पाँव।

□□□

रामकृपा

(कुण्डल छंद)

निशचर कलिकाल पाप, जाहि विधी नाशें।
शेष बची जीवन की, जितनी भी साँसें।

विप्र चरण वंद गुरू, शुभाशीष पाऊँ।
सुरसरि सम राम कथा, छंद–छंद गाऊँ।

श्रोता जो कथा सुनें, भक्ति ज्ञान पावें।
बिना यान भव सागर, सहज पार जावें।

जा पर हो रामकृपा, सुन पावें सोई।
निंदक खल विघ्न करें, क्या करेगा कोई।

जय भारत जन्मभूमि, जय भारत माता।
त्रिविध रंग ध्वजा धन्य, लोक नेह दाता।

सबका हित साथ लिए, नभ में फहराये।
झुकने न देंगे कभी, जान भले जाये।

❏❏❏

ज्ञान दो माँ खूब

(गीता छंद)

कर जोडते हैं बाल मिलकर
जिंदगी से ऊब।
अब हम सभी मिलकर पुकारें,
ज्ञान दो माँ खूब।

हे भगवती भर दे भवानी,
भाव का भंडार।
हर शब्द का हो अर्थ पावन,
लोक हित आधार ।

लेकर तिरंगा हाथ में जय,
भारती की बोल।
दिखला सकें संसार भर को,
है वतन अनमोल।

चाहे भले ही प्राण जायें,
देश हो आबाद।
सबके मुखों पर नाम हो,
कुर्बानियों में याद।
□□□

आत्मनिवेदन

(महालक्ष्मी छंद)

हाथ में काम ही काम हो।

चाहता हूँ बड़ा नाम हो।

नाम पा ध्यान तेरा धरें।

ना जहाँ में किसी से डरें।

दंभ आए नहीं लेश भी।

क्या करें क्या करें क्या करें।

है घड़ी संकटों से घिरी।

तीसरी गाज आके गिरी।

सावधानी करें आँक के।

मास्क से चेहरा ढाँक के।

लो बचा नाथ यों ना मरें।

क्या करें क्या करें क्या करें।

हो रहीं हैं महा रैलियाँ।

भाषणों की खुलीं थैलियाँ।

भीड़ में हैं बहू बेटियाँ।

वोट ने खोल दीं पेटियाँ।

नोट पत्ते बने से झरें।

क्या करें क्या करें क्या करें?

बैठ पाते नहीं चैन से।

नैन ऐसे मिले नैन से।

रात में नींद आती नहीं।

फोन वो भी उठाती नहीं।

हुस्न का खेत कैसे चरें।

क्या करें क्या करें क्या करें।

प्यार में खर्च ही मूल है।

और दूजा नहीं रूल है।

चाहते नोट पानी बिना।

ये तुम्हारी बड़ी भूल है।

व्यर्थ ही जो न आहें भरें।

क्या करें क्या करें क्या करें।

वोट वो लें हमें प्यार दो।

प्रीति की जीत का हार दो।

घूमने वा घुमाने उसे।

एक ए. सी. मुझे कार दो।

आप ही पीर सारी हरें।

क्या करें क्या करें क्या करें।

❑❑❑

शारद माते

(पवन छंद)

चाहत छौना चरणन रति दो।
सुंदर स्वामी रघुकुल पति दो।
शारद माते सुखद सुमति दो।
प्रान तजूँ तो अनुपम गति दो।

शब्द कहीं भी लय तज भटके।
सत्य कहूँ जो नहिं जन खटके।
भारत माता जय जय धुनि हो।
हो जग वंदा गुरु पद पुनि हो।

□□□

मन की पीड़ा

(मुनि शेखर छंद)

कितने बड़े कवि हैं बने,
पर सोच से अति छोट हैं।

बस देखते नित औरके,
दिल खोलके सब खोट हैं।

खुद तो कभी लिखते नहीं,
चरचा विधा जमके करें।

बकवास है सब खीज की,
सुन भाव लेखन के मरें ।

□□□

विप्र कृपा

(कुण्डलिया छंद, अनुझा अलंकार)

विप्र कृपा से ही गिरे, मेघ मूसलाधार।

जन मन में खुशियाँ हुईं, महिमा बढ़ी अपार।

महिमा बढ़ी अपार, काम कर पायँ न दूजे।

दीन दलित के चरण, स्वयं राजा ने पूजे।

मिटें राह के शूल, बनें सब फूल बताशे।

बदले क्षण में भाग्य, अचानक विप्र कृपा से।

❑❑❑

विप्र कृपा को देखकर, कई हृदय ललचायँ।

काश कभी हम भी अगर, ऐसा अवसर पायँ।

ऐसा अवसर पायँ, मीडिया में छा जावें।

कण्डीशन में रंक, पाँव नृप से धुलवावें।

इस लालच में व्यर्थ, किसी का मुँह मत ताको।

पहले हासिल करो, कहीं से विप्र कृपा को।

❑❑❑

हम कवी मंच के

(अरुण छंद)

कम नहीं, और से, हम कवी मंच के ।

खेल हैं, पास में, खूब सौ टंच के ।

धन मिले, जिस तरह, आइटम बेंच दें ।

शारदा, से मिली, वो कलम बेच दें ।

शर्म क्या, जो लगे, आज व्यापार में ।

क्या बचा, बेचने, काव्य बाज़ार में ।

है समझ जानलो, बज रही बीन है ।

धन चमक, तन दमक, सीन रंगीन है ।

जो बिके, सो बिके, फिर नया क्या लिखें ।

देखना है अगर, तो अलग क्या दिखें ।

कुछ बचे, लोग हैं, साधना में लगे ।

छंद से, भाव से, हर तरह से जगे ।

मैं नमन, कर रहा, उन कलमकार को ।

दे बता, कुछ सुना, जिंदगी सार को ।

❑❑❑

दिल्ली यात्रा

(पंचचामर छंद)

कहा अशोक जी यहीं पहाड़गंज में रुको।

किसी विशेष के यहाँ पधार के नहीं झुको।

सदैव खानपान में रुचि रखो तने रहो।

सुजान छंद ज्ञान के वितान भी बने रहो।

नशा शराब का बड़ा खराब है खराब से।

सुकून की तलाश में सुरूर के लगाव से।

सुरा विहीन शान से विधान को रचे रहो।

सपूत काव्य मंच के शराब से बचे रहो।

मिले जहाँ सही झुकाव मंच का पढ़े चलो।

बिना झुके बिना रुके बढ़े चलो, बढ़े चलो।

2

(चामर छंद 15 वर्ण)

काम की अचूक बात भ्रात भा गईं मुझे।

ज्ञान के प्रकाश की सुबुद्धि आ गई मुझे।

कौन जानता नहीं इसे बड़ी खराब है।

प्राण छूट जायँ छूटती नहीं शराब है।

जोश का जुनून लाज शर्म को लताड़ती।

बात का बना विवाद शांति वस्त्र फाड़ती।

ऊँच को ढकेल नीच नार धार फेकती।
अण्ट सण्ट बोलती परिस्थिती न देखती।
खान औगुणों भरी विनाश का जहान है।
आज भ्रात जी शरीर में हुई थकान है।
मैं कभी शराब की लपेट में न आउँगा।
लाख लोग जोर दें न हाथ भी लगाउँगा।

मात्र आज के लिए उदार भाव कीजिये।
एक पैग की प्रभो विशेष छूट दीजिये।
मीत चेत जा अभी कभी मिटे न गंदगी।
हौसला बिगाड़ जिंदगी करे न बंदगी।
मैं बँधा हुआ सुनीति प्रीति नेक चाह से।
छूट दे सकूँ नहीं तबाह की सलाह से।

□□□

ससुराल वाले

साली

(मधुमालती छंद)

साली बड़ी, प्यारी लगे ।

केसर भरी, क्यारी लगे ।

जब भी मिले, जैसी मिले।

लगता यही, उपवन खिले।

आती हुई, मधुमास सी।

पावन परम, आवास सी।

चिड़िया बनी, चहकन लिये।

सुरभित सुमन, महकन लिये।

सास

(चँद्रिका छंद)

सकल जगत में सास ही खास है।

हरदम खुश राखे सदा पास है।

अपन समझते हैं यही ज्ञान से।

बरस बरस, बीतें बड़े मान से।

ससुर

(चँद्रिका छंद)

ससुर असुर लागे कमाई तके।
गड़बड़ सुनपे खूब खोटी षपे।
इधर—उधर जाके बुराई करे।
ठहर —ठहर देखे जवाई डरे।

□□□

भारत देश

(ताटंक छंद)

सागर जिसके चरण पखारे,
शीश गंग की धारा है ।
मुकुट हिमालय रजत सरीखा,
जो शंकर को प्यारा है ।

यमुना रेवा सतलज रावी,
जिसके आंचल में खेलें।
गोदावरी गोमती शिप्रा,
जो वर चाहो सो दे लें ।

ज्ञान और विज्ञान यहाँ का,
सकल विश्व में छाया है ।
धर्म सनातन पर जो चलता,
वह भारत कहलाया है ।

भांति भांति के धर्म यहाँ पर,
श्रेष्ठ हैं अपने अपने में।
जो जिसको चाहे वह माने,
भेद नहीं है सपने में।

मंदिर में हो रही आरती,
प्रातः काल पट ज्यों खुल्ला।
मस्जिद में दे रहे अजाने।
नियम निभा काजी मुल्ला।

सिख सिंधी भी चलें धर्म पर
सब प्रकार शुचि धारा में।
जाकर मत्था टेक रहें हैं,
भक्ति लिये गुरुद्वारा में।

लगे पादरी प्रेयर करने,
ईशा जिन्हें सुहाया है।
सबको लेकर चले साथ में,
वह भारत कहलाया है।

सबको लोकतंत्र का बंधन,
सब आजाद विचारों से।
जो भी चाहें बोल रहे हैं,
अभिव्यक्ति अधिकारों से।

वोट दिया जनता ने जिसको,
सिंहासन में बैठा है।
मिला अल्पमत बना विरोधी,
कमी निकाले ऐंठा है।

समय समय पर सत्ता को भी
जनता सबक सिखाया है।
जहाँ चुने जनता राजा के,
वह भारत कहलाया है।
❑❑❑

आरती भारत माता की

(गोपी छंद)

आरती भारत माता की। सीख दे गौरव गाथा की।

शीश पर बहे सदा गंगा। जहाँ शोभित कंचनजंघा।

धर्म मय पर्वत की माला। प्रयागों का सुन्दर जाला।

वहीं केदारनाथ वाले। खोलते अंतर के ताले।

बनें हैं अति विराट नंदी। नाम से छूटे भव बंदी ।

छटा बद्री सुख दाता की। आरती भारत माता की ।

2

जहाँ राणा से बलिदानी। शौर्यमय भू राजस्थानी।

यहीं पंजाब तेगधारी। एम.पी. यूपी रणकारी।

यहाँ कश्मीर स्वर्ग छानी। यहाँ गुजरात संत बानी।

विकट है विद्या बंगाली। जहाँ कलकत्ते की काली।

बोस जय घोष प्रदाता की। आरती भारत माता की।

3

बहें सब धर्मों की नदियाँ। कहें कण–कण महिमा सदियाँ।

सभी की जान तिरंगे में। धरा का मान तिरंगे में ।

सदा ऊँचे फहराना है। गीत जन गण मन गाना है।

बड़ा इससे न कहीं पद है। सजी सेना से सरहद है।

रात दिन अरिभय त्राता की। आरती भारत माता की।

□□□

आत्मकथ्य

(शिखरणी छंद)

कमाते खाते हैं अपन जितना संभव बने ।
तमन्ना जादा की हरगिज़ नहीं लेकर तने ।

किसी का मारा है उदर कब बोलो तुम अभी।
होएगा भावों में सुखद हितकारी मन तभी ।

जमाने का लाते चलन मनमें किंचित नहीं।
सुनाते पीड़ा जो वतन भरमें है हर कहीं।

कहानी पूरी है अबतक की, जीवन चला ।
नहीं बोलेंगे अंतिम समय में, झूठहिं भला।

□□□

मजदूर

(अरिल्ल छंद)

फुटपाथों का आश्रय पाकर ।
जीवन को संगीत बनाकर।
रूखा सूखा कुछ भी खाकर।
सो जाते अखवार बिछाकर।

डग—डग जाकर काम तलाशें।
कैसे भी ये दुर्दिन नाशें।
छोड़ा है घर द्वार कमाने।
भाग्य भरोसे ठौर ठिकाने।

एक जरासी गठरी केवल।
रहती बच्चों की माँ दे बल।
ऐसी वैसी नजर बचायें।
नैन इशारे टाल पचायें।

भोले भाले नेक निराले।
गठरी सिर शिशु पीठ बिठाले।
खोज रहे हैं रोज निवाले।
सारा जीवन राम हवाले।

मजदूरी पर चोट करारी।
आते जब कुछ खास शिकारी।
फैला माया जाल बिछाते।
कामुक तन पाने ललचाते।

दिखला धन के साथ प्रलोभन।
लेकिन डिगता ना उनका मन।
मजबूरी में आय हॅसी—ना
जिनका जीना मात्र पसीना।

जिनके कारण बांध बने हैं।
ताजमहल से भव्य तने हैं।
हर मंदिर की नींव गड़े हैं।
देखो वे लाचार पड़े हैं।

उनको मेरा लाख नमन है।
जिनका केवल श्रम ही धन है।
और उन्ही से देश खड़ा है।
सारे जग में नाम बड़ा है ।

परिशिष्ट

शार्दूल विक्रीडित छंद– 19 वर्ण। मगण सगण जगण सगण तगण तगण गुरू।

पंचचामर (नाराच)छंद – जगण रगण जगण रगण जगण गुरू 121 212 121 212 121 2

वीर/लावणी– 30 मात्रा 16–14 अंत गुरू। **नोट–** अंत में 1 गुरू होने पर लावणी, 2 गुरू होने पर कुकुभ एवं 3 गुरू होने पर ताटंक छंद होता है।)

गीतिका छंद– यह मात्रिक छंद है जिसमें 14 और 12 के क्रम से 26 मात्राएं होती हैं। जिसकी अंत में लघु–गुरू होते हैं। मापनी– 2122 2122 2122 212

पदपादाकुलक– 16 आदि में द्विकल अनिवार्य

राजीव छंद– अन्य नाम माली 18 मात्राएँ प्रति चरण 9,9 पर यति, आदि अंत का कोई विशेष नियम नहीं मिला।

चैंद्र छंद– 17 मात्राएँ। मापनी– 2122 12 2122

मंदाक्रान्ता छंद– 17 वर्ण म भ न त त गुरू गुरू

मधुमालती छंद– 14 मात्रा। **7–7** पर यति। अंत में रगण (212)

चैंद्रिका छंद– 13 वर्ण।नगण नगण तगण तगण गुरू

कुण्डल छंद– 22 मात्राएँ 1210=22 633/ 6 22 यति के पहले त्रिकल अंत में गुरू गुरू।

दोहा छंद– अर्धसम मात्रिक छंद है। 24 मात्राएँ। 13/11 पर यति। पहला और तीसरा चरण जगण से शुरू न करें। प्रारंभ में समकल के बाद समकल, विषमकल के बाद विषमकल जरूरी है। पहले तीसरे चरण में 11 वीं मात्रा हमेशा लघु रहेगी। दूसरे एवं चौथे चरण में 10वीं मात्रा गुरू होगी।

पादाकुलक छंद–16 मात्राएँ 4 चौकल अनिवार्य, जगण निषेध।

हाकलि– 14 मात्राएँ 3 चौकल अनिवार्य अंत में गुरु

मानव– 14 मात्राओं का सममात्रिक छंद। तुक दो–दो चरणों की मिलाई जाती है। इसमें तीन चौकल न बनें। अंत गुरु।

तोटक– 12 वर्ण का वर्णिक छंद है। कुल चार पंक्तियां होती हैं। प्रत्येक पंक्ति में 4 सगण (112) होते हैं।

शक्ति छंद– 18 मात्रायें 122,122,122,12 पहली, छठवीं, ग्यारहवीं,और शोलवीं मात्रा लघु होना चाहिये। अंत में रगण,सगण,नगण कुछ भी हो सकता है।

माधवमालती छंद– 2122,2122,2122, 2122 कुल 28 मात्राएँ 14 / 14 पर यति।

तमाल छंद– 19 मात्राएँ अंत गुरु लघु।

मंथान छंद– 221 221

कुण्डल छंद–22 मात्रा। 12 / 10 पर यति। यति के पहले और बाद में त्रिकल। अंत– दो गुरु।

गीता छंद– 26 मात्राएँ11212,11212,11212 1121 अंतिम गुरु लघु ।

महालक्ष्मी छंद– 212 212 212

पवन छंद–12 वर्ण 5, 7 पर यति भगण तगण नगण सगण

मुनि शेखर छंद–112,121,121,211, 212, 112, 12

कुण्डलिया छंद– विषम मात्रिक छंद, दोहा का अंतिम चरण रोला का प्रारंभ। दोहे का पहला शब्द या शब्द समूह कुण्डलिया के अंत में होना चाहिए। दोहा + रोला = कुण्डलिया

अरुण छंद– 20मात्राएँ 5–5–10 पर यति अंत लघु गुरु

चामर छंद– 15 वर्ण, रगण जगण रगण जगण रगण

छन्न पकैया छंद– 16 / 12=28

गोपी छंद– 15 मात्राएँ। त्रिकल से प्रारंभ। अंत– गुरु।

ताटंक छंद– यह लावणी का भेद है। 16 / 14 की यति से 30 मात्राएं होती हैं। अंत में 3 गुरू होते हैं।

शिखरणी छंद– यगण मगण नगण सगण भगण लघु गुरू।

अरिल्ल छंद– 16 मात्राएँ। अंत– भगण (211) या यगण (122) इसके किसी चौकल में जगण (121) न हो।

हरिगीतिका छंद- 28 मात्रा। 16–12 पर यति। अंत– लघु–गुरु। 5, 12, 19, 26 वीं मात्रा सदैव लघु रहेंगी। मापनी– 2212 2212 / 2212,2212

पध्दरि – 16 मात्राएँ। अंत में, लघु, गुरु, लघु ।